GÜTERSLOHER
VERLAGSHAUS

Gütersloher Verlagshaus. Dem Leben vertrauen

Die *Weisheit* der Mutter Teresa

MEINE GEBETE

Gütersloher Verlagshaus

Bibliografische Information der Deutschen Nationalbibliothek
Die Deutsche Nationalbibliothek verzeichnet diese Publikation in der Deutschen Nationalbibliografie; detaillierte bibliografische Daten sind im Internet über http://dnb.d-nb.de abrufbar.

FSC
Mix
Produktgruppe aus vorbildlich bewirtschafteten Wäldern und anderen kontrollierten Herkünften
Zert.-Nr. GFA-COC-001262
www.fsc.org
© 1996 Forest Stewardship Council

Verlagsgruppe Random House FSC-DEU-0100
Das für dieses Buch verwendete FSC-zertifizierte Papier *EOS* liefert Salzer, St. Pölten.

1. Auflage 2010

Umschlagmotiv: © Reuters/Corbis GmbH, Düsseldorf
Druck und Einband: Friedrich Pustet KG, Regensburg
Printed in Germany
ISBN 978-3-579-07018-6

www.gtvh.de

Inhalt

Gebete

Meditationen

Gebete

Gebet um Toleranz

Lieber Gott,
du hast uns alle erschaffen
und uns das Leben geschenkt.
Gib, dass unsere Liebe zu dir
und zu unserem Nächsten
tiefer und stärker wird.

Du hast deinen Sohn gesandt, Jesus Christus,
um uns zu sagen, dass du uns liebst
und dich unser annimmst.

Schenke uns deinen Heiligen Geist,
damit er uns einen Glauben gebe,
der stark genug ist anzunehmen,
was du der Menschheit auferlegt hast,
und der uns hilft, unserem Nächsten
mit Verständnis zu begegnen.
Dann werden wir begreifen,
dass wir das Glas Wasser,
das wir einem Dürstenden geben,
auch deinem Sohn geben,
Jesus Christus.
Amen.

Gebet um Vertrauen auf Gottes Fürsorge

O Herr,
du hast uns gesagt,
dass unser Vater im Himmel
für uns sorgen wird,
so wie er für die Lilien auf dem Felde
und die Vögel unter dem Himmel sorgt.

Du, der nicht einmal einen Platz hatte,
wohin er sein müdes Haupt legen konnte,
sei unser Lehrer.

Lehre uns, auf Gottes Vorsehung zu vertrauen,
und hilf uns, unsere menschliche Habgier zu überwinden.
Habgier hat nie jemanden glücklich gemacht.

Gib uns die Kraft, uns dir ganz zu ergeben,
damit wir ein Werkzeug sein können,
deinen Willen zu erfüllen.

Segne den Gebrauch des Geldes in der Welt,
damit die Hungernden gespeist,
die Nackten gekleidet,
die Armen beherbergt
und die Kranken gepflegt werden können.

Und Herr, gib uns deinen Heiligen Geist,
damit wir durch den Glauben,
den du uns verleihst, klar erkennen,
dass wir alle vor dir mehr gelten
als jede schöne Lilie
oder jede singende Lerche in der Luft.
Amen.

Gebet für die Waisen

Maria, liebste Mutter,
du hast unserem Erlöser,
unserem Herrn Jesus Christus,
das Leben und all deine Liebe geschenkt.
Wir bitten dich,
nimm dich aller Waisen in der Welt an.
Gib ihnen durch uns die gütige Liebe,
die ihre Mutter und ihr Vater ihnen gegeben hätten.
Wie wir von deinem Sohn geliebt werden,
so wollen wir mit deiner Hilfe
diese Liebe und Zärtlichkeit
denen weitergeben,
die ihre Eltern verloren haben.

Liebste Mutter,
gemeinsam mit dir und den Engeln
preisen wir Gott im Himmel,
der uns so sehr liebt,
dass niemand sagen muss:
Ich habe keinen Vater.
Amen.

Gebet für die Versehrten und Behinderten

Mutter Maria,
du unser aller Mutter.
Heute bete ich zu dir
für die Versehrten und Behinderten.

Gib ihnen die Geborgenheit,
die nur eine Mutter ihren Kindern geben kann.
Schenke ihnen Kraft für den Tag
und Geduld für die Nacht.
Und uns allen gib den Mut,
all das anzunehmen,
was uns im Leben auferlegt ist
und wogegen wir uns auflehnen möchten.

Maria, unsere liebe Mutter,
die du so reich an Barmherzigkeit und Güte bist,
schenke uns allen Freude und Frieden
und Erbarmen mit unserem Nächsten.
Amen.

Gebet für die Flüchtlinge

Lieber Gott,
alle diese Menschen
haben ihr Heim verloren
und ihr Land,
und viele von ihnen
haben auch ihre Lieben verloren.

Gib mir die Kraft, o Herr,
nicht nur für sie zu beten,
sondern dieses Gebet auch
in tatkräftige Hilfe umzusetzen.
Amen.

Gebet für die Gefangenen

O Herr, der du selbst
ein Gefangener gewesen bist
und den ich in jedem Gefangenen sehe,
den ich besuche:

Gib diesem unserem Bruder
Kraft und ehrliche Besinnung,
damit er die Zeit im Gefängnis
als Wiedergutmachung nutzen kann
für das, was er gefehlt hat.

Schenke uns allen dein göttliches Licht,
so dass wir sehen können,
was wir in unserem Leben falsch machen,
und mit Liebe und Hilfsbereitschaft
und Fürsorge für die Armen
die Verfehlungen wiedergutmachen,
die wir begangen haben.
Amen.

Gebet für die Misshandelten

Mutter Maria,
so viele Menschen in unserer Welt
werden missbraucht und misshandelt.
Ich sehe sie jeden Tag,
Kinder, Frauen und Männer.

Schenke uns allen deine Liebe
und deine Zärtlichkeit,
und gib uns ein reines und lauteres Herz.
Gib den Misshandelten Kraft und Hoffnung,
und stehe uns allen bei,
dass wir niemals die Unschuld und Schönheit
eines Wesens verletzen,
dem unser himmlischer Vater
das Leben eingehaucht hat.
Amen.

Gebet für die Unerwünschten

Lieber Gott,
du hast mir Mut gegeben,
darauf zu vertrauen, dass du mich annimmst.
Gib mir weiterhin die Kraft,
alle Unerwünschten so sehr zu lieben,
wie du mich liebst und mich annimmst.

Du weißt, Herr, dass Unerwünschte
die Ärmsten der Armen sind.

Reiche können ebenso unerwünscht sein
wie die Armen dieser kleinen Erde,
die du uns gegeben hast.

Lass uns alle teilhaftig sein
des Reichtums deiner Liebe,
dann werden wir auch einander annehmen
in deinem Reich auf Erden.
Amen.

Gebet für die Menschen, die nicht beten können

O Herr,
hilf dem Mann und der Frau,
die beten möchten,
es aber nicht fertigbringen.

Nimm ihren Wunsch zu beten
als ihr Gebet.
Höre auf ihr Schweigen
und gehe ihnen entgegen
in ihrer Wüste.

Du hast Menschen aus der Wüste geführt
und ihnen dein Gelobtes Land gezeigt,
du Herr der Herren,
König der Könige.
Amen.

Gebet für die Menschen, die Reisende befördern

Mein lieber Jesus.
Josef hat unsere Mutter Maria
auf dem Rücken des Esels
nach Bethlehem gebracht.
Segne alle, die anderen Menschen helfen,
ihr Ziel zu erreichen,
ob sie eine Rikscha ziehen
oder ein Kraftfahrzeug lenken.

So viele von ihnen haben mir geholfen
und waren gut zu mir.
Ich möchte dir danken
für sie alle.

Führe und beschütze sie,
und mache ihre Wege eben
und ihre Fahrten sicher.
Und Herr – gib ihnen Glauben,
damit sie in ihrem Herzen wissen,
dass du sie liebst
und ihnen eine Wohnung bereitet hast
in deines Vaters Haus
als ihr gutes Ziel.
Amen.

Gebet für die Menschen, die Fremde beherbergen

Mein lieber Jesus.
Du wurdest in einem Stall geboren,
weil der Gasthof des Ortes
kein Zimmer hatte
für dich und deine Familie.
Segne alle, die Fremde beherbergen.

Segne sie, damit sie immer
Platz haben für die Armen
und für alle, die unterwegs sind.
Gib ihnen Mut und Kraft,
für ihre Gäste gut zu sorgen.
Und lass sie stets eingedenk sein,
dass sie dir tun,
was sie einem von ihnen tun.

Verheiße ihnen auch durch deinen Heiligen Geist,
dass du sie aufnehmen
und gut für sie sorgen wirst
in deinem himmlischen Haus,
das für so viele Platz hat –
vor allem für die Ärmsten der Armen.
Amen.

Gebet für den Bauern, der sein Feld bestellt

Lieber Gott,
segne diesen Mann und sein Stück Erde,
damit die Saat
auf fruchtbaren Grund fallen
und aufgehen und wachsen kann.
Segne die Früchte seines Landes,
so dass er mit seiner Familie
zu essen hat und nicht hungert.

Wie du alle Gaben aus deinem Reiche
mit uns geteilt hast,
so lasse auch diesen Mann
seine Ernte mit den Menschen teilen,
die weder Saatgut noch Land haben.

Gib diesem Bauern,
o Herr,
und auch uns allen
ein reines Herz,
damit deine Saat
in unserem Leben
aufgeht und wächst.
Amen.

Gebet für die Tiere

Mein Gott,
ich danke dir für alle Tiere.

Den Tiger und den Bären,
den Elefanten und das Pferd,
die Kuh und die Ziege.

Dank dir, o Herr,
dir, unserem Hirten,
der uns, seine Schafe, mit Namen gerufen hat.
Ich danke dir für die Vögel,
die dir ihr Loblied singen,
und für die Fische,
die die Tiefe suchen
in deiner Schöpfung.

Wenn ich heimkomme,
oft erschöpft und müde,
dann läuft mir unser kleiner Hund entgegen
und begrüßt mich mit fröhlichem Gebell
und leckt mir die Hand.

Warum hast du mir
so viele Freunde gegeben, Herr?
Amen.

Gebet für den Bauern, dessen Ernte vernichtet ist

O Herr,
sieh hier den Bauern, der seine Ernte verloren hat.
Er pflügte das Land,
er brachte guten Samen in die Erde;
aber als der Herbst kam,
gab es nichts zu ernten.

Er hat alles verloren, was er besaß.
Bitte gib ihm neues Saatgut
und Sonnenschein und Regen,
und schenke ihm Kraft, neu zu beginnen.

Und wenn er sät
und wenn er erntet,
gib ihm deine Freude ins Herz,
damit er dir sein Lob singt
mit Fröhlichkeit und Lachen
und immer auf deine Liebe vertraut,
die ihn und die Seinen nicht vergisst.
Amen.

Gebet für die Richter

O Herr,
höre mein Gebet für die Richter.

Sie müssen viele Zeugen anhören,
gib ihnen Ohren, Ehrlichkeit und Wahrheit zu erkennen.
Sie sollen Recht sprechen wie König Salomon,
gib ihnen Weisheit des Urteils.
Sie sollen Grausamkeit und Ungerechtigkeit ahnden,
gib ihnen Barmherzigkeit und Stärke.
Sie sollen denen, die Unrecht getan haben,
Jahre der Freiheit nehmen,
gib ihnen Hoffnung für die Menschen, die sie verurteilen.

Herr Jesus Christus,
du bist der Weltenrichter,
der am Jüngsten Tage über uns zu Gericht sitzen wird.
Vergib uns allen unsere Sünden,
und führe uns gnädig in deines Vaters Haus.
Amen.

Gebet für einen Selbstmordgefährdeten

O Herr,
gib ihm das Licht,
den schrecklichen Abgrund seiner Versuchung zu sehen.

Schenke ihm deine Liebe,
damit er wenigstens einen Schimmer
von dem Reichtum des Lebens wahrnimmt,
das du uns bereitet hast.

Erleuchte ihn durch deinen Heiligen Geist,
damit er erkennen möge,
dass er von dir geliebt und behütet wird
und dass er noch ein Ziel für sein Leben hat:

Dein Erbarmen und deine Liebe für ihn
anderen Menschen zuzuwenden,
die ihn brauchen.

Gib ihm Hoffnung für die Zukunft,
und lass ihn leben, Herr.
Amen.

Gebet für einen Sterbenden

Lieber Gott,
du Herr über Leben und Tod,
wir beten zu dir:
Vergib die Sünden unseres Freundes,
der uns jetzt verlassen soll,
damit er mit reinem Herzen
vor dein Angesicht treten kann.

Du weißt, ich habe Zehntausende sterben sehen,
aber nie ist einer in Kummer und Angst
von uns gegangen,
wenn er seine Sünden bekannt
und Barmherzigkeit von dir erlangt hat.

So wird auch unser Freund hier
in Frieden von uns scheiden.

Dann wird er mit reinem Herzen
für alle Ewigkeit mit dir vereint
der Freuden deines himmlischen Reiches
teilhaftig werden.
Amen.

Vater unser

Vater unser im Himmel,
geheiligt werde dein Name.
Dein Reich komme.
Dein Wille geschehe, wie im Himmel so auf Erden.
Unser tägliches Brot gib uns heute.
Und vergib uns unsere Schuld,
wie auch wir vergeben unsern Schuldigern.
Und führe uns nicht in Versuchung,
sondern erlöse uns von dem Bösen.
Amen.

Gebet im Heim für Sterbende

Lieber Gott,
du großer Heiler,
ich knie vor dir nieder,
denn ohne deinen Segen sind meine
Fähigkeiten und Gaben nutzlos.
Ich bitte dich:
Gib meinen Händen Geschick,
meinem Verstand Klarheit,
meinem Herzen Güte und Mitgefühl.
Gib mir Lauterkeit und Geduld
und die Kraft, wenigstens einen Teil der Last
meiner leidenden Brüder und Schwestern zu tragen.
Lass mich immer eingedenk sein, dass du mich
mit dem Dienst an den Todkranken
einer besonderen Ehre gewürdigt hast.
Nimm von meinem Herzen alle Schuld
und alle weltlichen Begierden,
und lass mich mit dem einfachen Glauben
eines Kindes auf dich vertrauen.
Amen.

Gebet für die Kirche

O Herr,
ich bete zu dir für die Kirche.

Es gibt so viele Kirchen,
aber du, Herr,
kennst nur eine Kirche.

Sende uns allen deine Liebe und dein Erbarmen,
damit eines Tages
alle Kirchen eins sein mögen.

Du selbst hast gesagt,
wie du und der Vater eins sind,
so sollen auch wir eins sein.

Führe uns alle zusammen, Herr,
in Kraft, Freude und Liebe,
und schenke Frieden uns allen
und Frieden der Kirche.
Amen.

Gebet für die Verbreitung der Bibel

Lieber Gott,
lass alle Menschen auf Erden
die Bibel kennenlernen.

Gib ihnen Hunger
nach deinem Wort,
und lass es unser tägliches Brot sein.
Lass die Menschen, die lesen können,
das Evangelium mit eigenen Augen sehen.
Lass die Menschen, die nicht lesen können,
anderen begegnen, die es für sie lesen.

Vor allem aber lass die Menschen,
wenn sie deinen Willen erkannt haben,
ihn auch erfüllen,
und bediene dich unser, dabei zu helfen.
Amen.

Das Nizäische Glaubensbekenntnis

Wir glauben an den einen Gott,
den Vater, den Allmächtigen,
der alles geschaffen hat, Himmel und Erde,
die sichtbare und die unsichtbare Welt.
Und an den einen Herrn Jesus Christus,
Gottes eingeborenen Sohn,
aus dem Vater geboren vor aller Zeit:
Gott von Gott, Licht vom Licht,
wahrer Gott vom wahren Gott,
gezeugt, nicht geschaffen,
eines Wesens mit dem Vater:
Durch ihn ist alles geschaffen.
Für uns Menschen und zu unserem Heil
ist er vom Himmel gekommen,
hat Fleisch angenommen
durch den Heiligen Geist
von der Jungfrau Maria
und ist Mensch geworden.
Er wurde für uns gekreuzigt
unter Pontius Pilatus,
hat gelitten und ist begraben worden,
ist am dritten Tage auferstanden nach der Schrift
und aufgefahren in den Himmel.
Er sitzt zur Rechten des Vaters
und wird wiederkommen in Herrlichkeit,
zu richten die Lebenden und die Toten;
seiner Herrschaft wird kein Ende sein.

Wir glauben an den Heiligen Geist,
der Herr ist und lebendig macht,
der aus dem Vater und dem Sohn hervorgeht,
der mit dem Vater und dem Sohn
angebetet und verherrlicht wird,
der gesprochen hat durch die Propheten
und die eine, heilige, katholische
und apostolische Kirche.
Wir bekennen die eine Taufe
zur Vergebung der Sünden.
Wir erwarten die Auferstehung der Toten
und das Leben der kommenden Welt.
Amen.

Litanei vom heiligsten Namen Jesu

Heilige Dreifaltigkeit, ein einiger Gott,
erbarme dich unser.
Jesus, Sohn des lebendigen Gottes,
erbarme dich unser.
Jesus, Abglanz des Vaters,
erbarme dich unser.
Jesus, Glanz des ewigen Lichtes,
erbarme dich unser.
Jesus, König der Herrlichkeit,
erbarme dich unser.
Jesus, Sonne der Gerechtigkeit,
erbarme dich unser.
Jesus, Sohn der Jungfrau Maria,
erbarme dich unser.
Liebenswürdiger Jesus,
erbarme dich unser.
Wunderbarer Jesus,
erbarme dich unser.
Jesus, starker Gott,
erbarme dich unser.
Jesus, Vater der Zukunft,
erbarme dich unser.
Jesus, Verkünder des großen Ratschlusses,
erbarme dich unser.
Mächtigster Jesus,
erbarme dich unser.
Geduldigster Jesus,
erbarme dich unser.
Gehorsamster Jesus,
erbarme dich unser.
Jesus, sanftmütig und demütig von Herzen,
erbarme dich unser.

Jesus, Freund der Keuschheit,
erbarme dich unser.
Jesus, unser Freund,
erbarme dich unser.
Jesus, Gott des Friedens,
erbarme dich unser.
Jesus, Urheber des Lebens,
erbarme dich unser.
Jesus, Vorbild der Tugenden,
erbarme dich unser.
Jesus, Eiferer für die Seelen,
erbarme dich unser.
Jesus, unser Gott,
erbarme dich unser.
Jesus, unsere Zuflucht,
erbarme dich unser.
Jesus, Vater der Armen,
erbarme dich unser.
Jesus, Schatz der Gläubigen,
erbarme dich unser.
Jesus, guter Hirt,
erbarme dich unser.
Jesus, wahres Licht,
erbarme dich unser.
Jesus, ewige Weisheit,
erbarme dich unser.
Jesus, unendliche Güte,
erbarme dich unser.
Jesus, unser Weg und Leben,
erbarme dich unser.
Jesus, Freude der Engel,
erbarme dich unser.
Jesus, König der Patriarchen,
erbarme dich unser.

Jesus, Meister der Apostel,
erbarme dich unser.
Jesus, Lehrer der Evangelisten,
erbarme dich unser.
Jesus, Stärke der Märtyrer,
erbarme dich unser.
Jesus, Licht der Bekenner,
erbarme dich unser.
Jesus, Reinheit der Jungfrauen,
erbarme dich unser.
Jesus, Krone aller Heiligen,
erbarme dich unser.

Sei uns gnädig, verschone uns,
o Jesus.
Sei uns gnädig, erhöre uns,
o Jesus.
Von allem Übel erlöse uns,
o Jesus.
Von aller Sünde
erlöse uns, o Jesus.
Von deinem Zorne
erlöse uns, o Jesus.
Von den Nachstellungen des Teufels
erlöse uns, o Jesus.
Vom Geiste der Unlauterkeit
erlöse uns, o Jesus.
Vom ewigen Tode
erlöse uns, o Jesus.
Durch das Geheimnis deiner heiligen Menschwerdung
erlöse uns, o Jesus.
Durch deine Geburt
erlöse uns, o Jesus.
Durch deine Kindheit
erlöse uns, o Jesus.

Durch dein göttliches Leben
erlöse uns, o Jesus.
Durch deine Mühen
erlöse uns, o Jesus.
Durch deine Todesangst und dein Leiden
erlöse uns, o Jesus.
Durch dein Kreuz und deine Verlassenheit
erlöse uns, o Jesus.
Durch deine Todesschwäche
erlöse uns, o Jesus.
Durch deinen Tod und dein Begräbnis
erlöse uns, o Jesus.
Durch deine Auferstehung
erlöse uns, o Jesus.
Durch deine Himmelfahrt
erlöse uns, o Jesus.
Durch deine Einsetzung der heiligsten Eucharistie
erlöse uns, o Jesus.
Durch deine Freuden
erlöse uns, o Jesus.
Durch deine Herrlichkeit
erlöse uns, o Jesus.

Lamm Gottes, du nimmst hinweg die Sünden der Welt,
erbarme dich unser, o Jesus.
Lamm Gottes, du nimmst hinweg die Sünden der Welt,
erbarme dich unser, o Jesus.
Lamm Gottes, du nimmst hinweg die Sünden der Welt,
erbarme dich unser, o Jesus.

Jesus, höre uns.
Jesus, erhöre uns.

54A
MOTHER TERESA
M.C

Gebet zum heiligsten Herz Jesu

O heiligstes Herz Jesu,
wir werfen uns in Demut nieder,
um unsere Weihe an dich zu erneuern.
Wir geloben, durch immer stärkere Liebe und Treue
alle Kränkungen und Beleidigungen zu sühnen,
die dir unaufhörlich zugefügt werden.
Wir nehmen uns fest vor:

Je mehr die Geheimnisse des Glaubens
geschmäht werden,
um so unverrückbarer werden wir an sie glauben,
heiligstes Herz Jesu.

Je mehr die Gottlosigkeit danach trachtet,
unsere Hoffnung auf Unsterblichkeit zunichtezumachen,
um so stärker werden wir auf dein Herz vertrauen,
du einzige Hoffnung der Sterblichen.

Je mehr Herzen sich deiner göttlichen Gnade
verschließen,
um so inniger werden wir dich lieben,
o unendlich liebenswürdiges Herz Jesu.

Je mehr deine Göttlichkeit angezweifelt wird,
um so demütiger werden wir sie anbeten,
o göttliches Herz Jesu.

Je mehr deine heiligen Gebote vergessen
und übertreten werden,
um so treuer werden wir sie befolgen,
o heiligstes Herz Jesu.

Je mehr deine Sakramente verschmäht werden,
um so eifriger werden wir sie in Liebe
und Ehrfurcht empfangen,
o freigebigstes Herz Jesu.

Je mehr deine anbetungswürdigen Tugenden
vergessen werden,
um so mehr werden wir uns bemühen,
ihnen nachzueifern,
o Herz Jesu, Vorbild aller Tugenden.

Je mehr Satan danach trachtet, Seelen zu verderben,
um so heißer wird unser Verlangen brennen,
sie zu retten,
o Herz Jesu, Heil der Seelen.

Je mehr durch Stolz und Sinnlichkeit
Verzicht und Liebe zum Dienen verspottet werden,
um so freudiger werden wir uns selbst überwinden,
o Herz Jesu.

O heiligstes Herz,
gib uns durch deine Gnade Kraft und Stärke,
deine Apostel inmitten der Welt zu sein,
und verleihe uns in einer seligen Ewigkeit
die Krone des Lebens.
Amen.

Dankgebet für die Liebe

Lieber Herr Jesus,
du, der die Welt mit Liebe erschaffen hat,
der mit Liebe geboren wurde,
mit Liebe diente,
mit Liebe auf Erden wandelte,
mit Liebe geehrt wurde,
mit Liebe litt,
mit Liebe starb,
mit Liebe aus dem Grab auferstand:

Ich danke dir für deine Liebe,
mit der du mich und die ganze Welt liebst.
Und ich bete zu dir jeden Tag:
Bitte lehre auch mich lieben.
Amen.

Dankgebet für die Musik und das Lied

O Herr,
ich danke dir für das Lied
und für dich, der du die Musik in ihm bist.
Wenn ich für dich singe,
dann höre ich dich
in meinem eigenen Lied.
Alleluja.
Amen.

Dankgebet für das Lachen

Gepriesen seist du, Herr,
der meinem Leben so viel Freude gebracht hat.
Ich lächle,
wenn ich den Reichtum deiner Segnungen sehe.

Meine Augen lächeln,
wenn ich sehe, wie hungernde Kinder gesättigt werden.
Mein alter Mund lächelt,
wenn ich sehe, wie Menschen begreifen,
dass sie von dir gebraucht werden.

Oft, Herr,
lache ich aus vollem Herzen
gemeinsam mit den Schwestern,
wenn wir sehen, was du wirklich bist.
Und täglich lachen wir
mit der Freude, die du uns gibst,
wenn wir dir unser Loblied singen.

Dank dir für dieses
wunderbare, fröhliche Lachen, Herr.
Amen.

Dankgebet für das Wetter

Lieber Gott,
wir danken dir für das Wetter.

Wenn du den Regen fallen lässt,
danken wir dir.
Wenn du die Sonne scheinen lässt,
preisen wir dich.
Wenn du die Stürme toben lässt,
vertrauen wir dir.
Wenn du uns die Kälte spüren lässt,
suchen wir die Wärme deiner Liebe.

O Herr, du Schöpfer
der Sonne, des Mondes, der Sterne,
des Windes, der Stürme und des Meeres,
wir wissen, dass inmitten von allem
du bist, mit uns zusammen.

Dank, Herr, für das Wetter.
Amen.

Gebet um Gnade und Barmherzigkeit

In deiner grenzenlosen Barmherzigkeit,
o heiligstes Herz Jesu,
hast du uns gnädig als die Deinen erwählt.
Darum weihen wir uns uneingeschränkt
für immer deinem Dienst.
Nimm jetzt und in jedem Augenblick unseres Lebens
das Opfer aller unserer Gedanken, Mühen,
Freuden und Sorgen an.
Flöße dieser Gemeinschaft den Geist des Gebetes,
der Ordnung, der Selbstverleugnung und
der Barmherzigkeit ein.
Schenke uns die Gnade, in Eintracht zu leben,
gestärkt durch deine heilige Liebe,
und nimm uns nach Vollendung unseres Lebens
in dein himmlisches Reich auf.

Gepriesen sei die heilige und ungeteilte Dreifaltigkeit
jetzt und in Ewigkeit.
Amen.

Gloria

Ehre sei Gott in der Höhe
und Friede auf Erden den Menschen seiner Gnade.

Wir loben dich,
wir preisen dich,
wir beten dich an,
wir rühmen dich und danken dir,
denn groß ist deine Herrlichkeit:
Herr und Gott, König des Himmels,
Gott und Vater, Herrscher über das All,
Herr, eingeborener Sohn, Jesus Christus.

Herr und Gott, Lamm Gottes, Sohn des Vaters,
du nimmst hinweg die Sünde der Welt:
erbarme dich unser;
du nimmst hinweg die Sünde der Welt:
nimm an unser Gebet;
du sitzest zur Rechten des Vaters:
erbarme dich unser.

Denn du allein bist der Heilige,
du allein der Herr,
du allein der Höchste:
Jesus Christus,
mit dem Heiligen Geist,
zur Ehre Gottes des Vaters.
Amen.

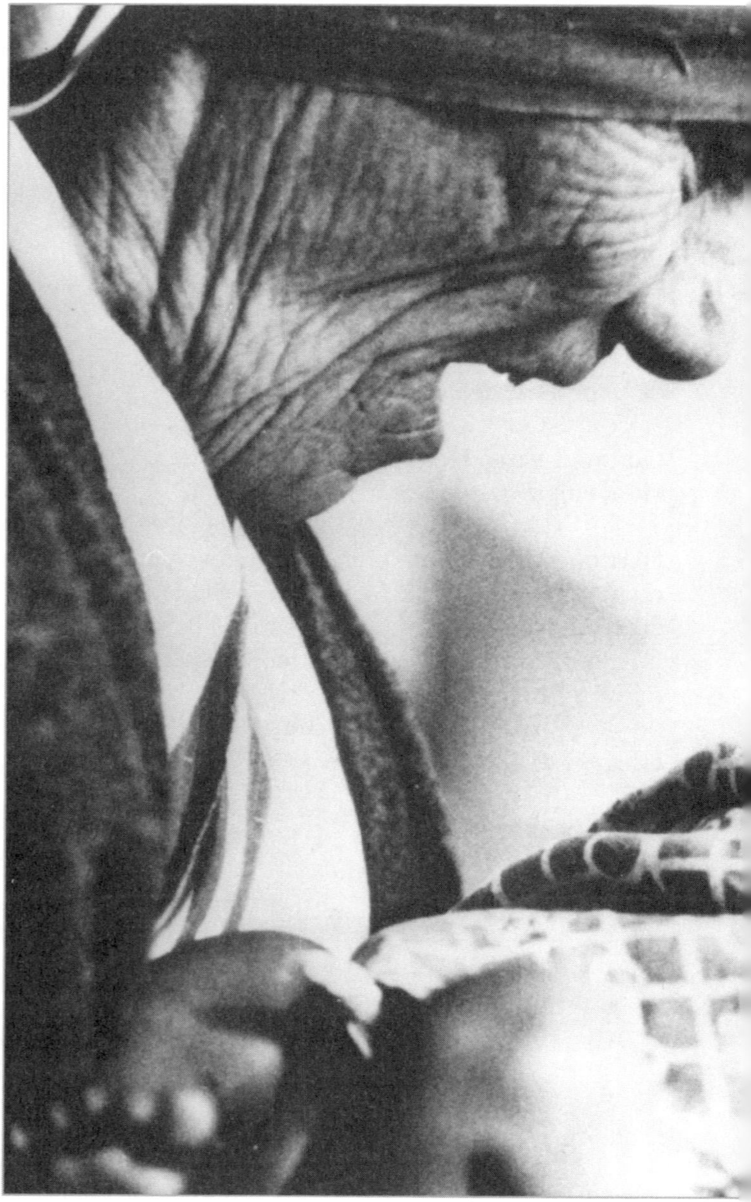

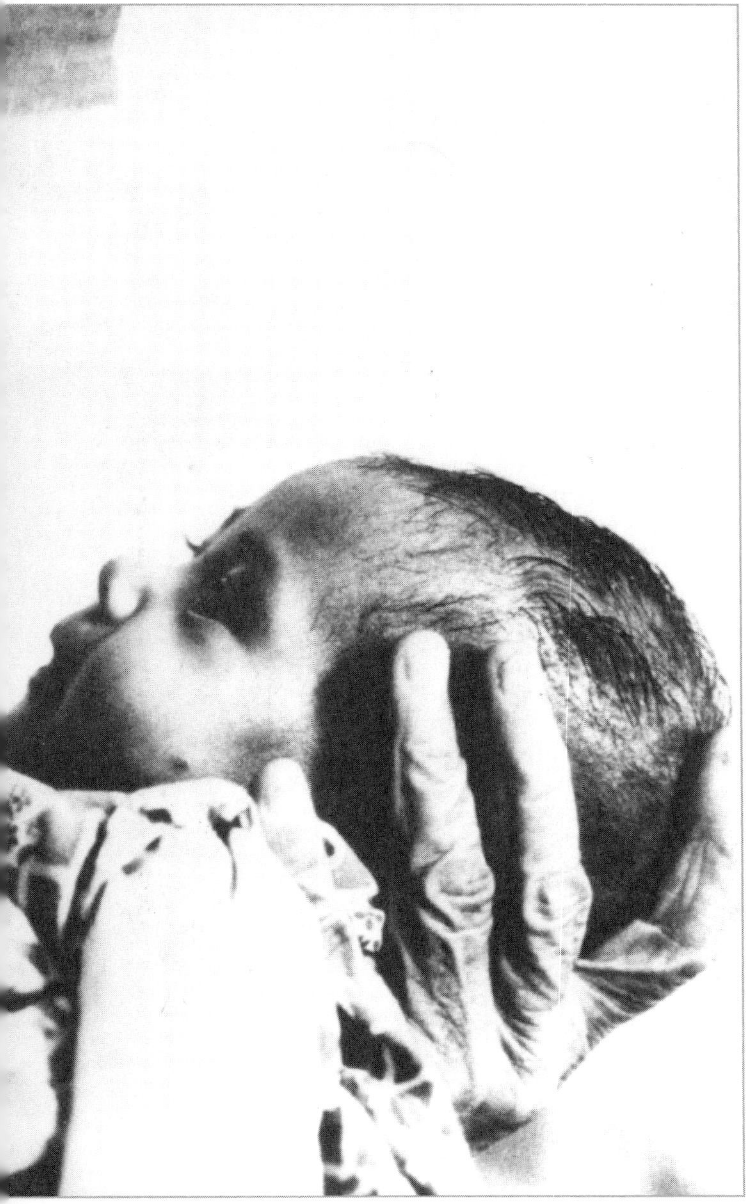

Ave Maria

Gegrüßet seist du, Maria,
voll der Gnade,
der Herr ist mit dir.
Du bist gebenedeit unter den Frauen,
und gebenedeit ist die Frucht deines Leibes,
Jesus.
Heilige Maria,
Mutter Gottes,
bitte für uns Sünder, jetzt und in der Stunde
unseres Todes.
Amen.

Gebet zur Mutter Gottes

Maria, Mutter Jesu,
schenke mir dein Herz,
das so schön,
so rein,
so unbefleckt,
so voller Liebe und Demut ist,
damit ich würdig sein möge,
Jesus im Brot des Lebens zu empfangen,
damit ich ihn liebe, wie du ihn geliebt hast,
und ihm diene,
der sich unter der Elendsgestalt
der Ärmsten der Armen verbirgt.
Amen.

Gebet zum heiligen Josef

Heiliger Josef,
wir bitten dich demütig
bei der Liebe und Fürsorge,
die du Jesus und Maria gegeben hast,
nimm auch unser Leben in deine Obhut.
Leite es zur größeren Ehre Gottes,
und erwirke uns die Gnade,
seinen heiligen Willen zu erfüllen.
Amen.

Anrufung der Engel

Heilige Engel, unsere Fürsprecher,
bittet für uns.
Heilige Engel, unsere Brüder,
bittet für uns.
Heilige Engel, unsere Ratgeber,
bittet für uns.
Heilige Engel, unsere Beschützer,
bittet für uns.
Heilige Engel, unsere Erleuchter,
bittet für uns.
Heilige Engel, unsere Freunde,
bittet für uns.
Heilige Engel, unsere Führer,
bittet für uns.
Heilige Engel, unsere Helfer,
bittet für uns.
Heilige Engel, unsere Vermittler,
bittet für uns.
Amen.

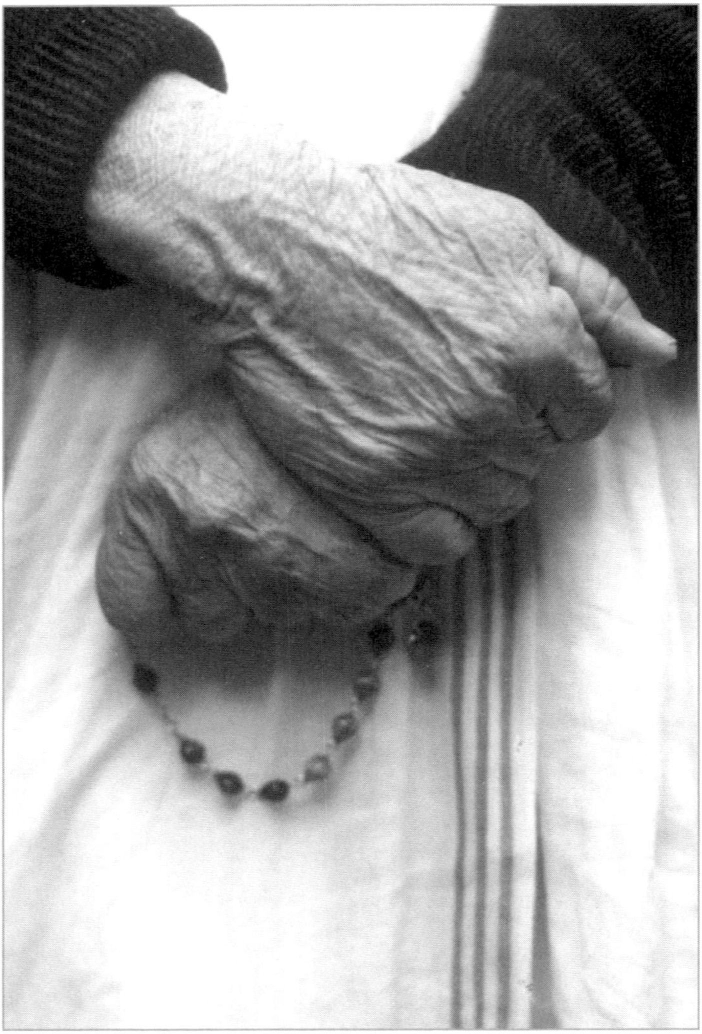

Gebet zu den Engeln

O heilige Engel,
Beschützer der Armen, die unserer
Obhut anvertraut sind,
wir erflehen eure Fürsprache
für sie und für uns.
Bittet Gott, dass er unseren Bemühungen
seinen Segen gebe,
damit wir zu seiner größeren Ehre
und zu seinem Ruhm das Heil
dieser Armen fördern können.
Durch Christus, unseren Herrn.
Amen.

Gebet zum heiligen Michael

O heiliger Erzengel Michael,
glorreicher Fürst der himmlischen Heerscharen,
du Schutz- und Schirmherr des Volkes Gottes,
der mit dem Drachen gekämpft hat,
der alten Schlange,
und sie aus dem Himmel geworfen hat:
Wir bitten dich aus der Tiefe unseres Herzens,
uns in dem schweren und gefährlichen Kampf
beizustehen,
den wir schwache und wankelmütige Geschöpfe
mit diesem selben Feind zu führen haben,
damit wir ihm beherzt widerstehen
und ihn glücklich bezwingen.
Amen.

Morgengebete

O Gott, wir glauben, dass du hier bist,
wir beten dich an, und wir lieben dich
mit ganzem Herzen und mit ganzer Seele.
Du hast uns erschaffen,
du hast uns durch den Tod deines Sohnes erlöst
und durch die Gnade deines Heiligen Geistes geheiligt.
Du hast uns in der vergangenen Nacht gnädig beschützt.
Wir bringen dir unseren demütigen Dank dar
für diese und alle anderen Gnaden,
die du über uns ausgegossen hast.
Wir opfern dir alle unsere Gedanken,
Worte und Taten auf
und flehen dich an, uns gnädig beizustehen,
dass wir dich am heutigen Tag nicht beleidigen,
sondern in allem deinen heiligen Willen tun.
Ihr Engel und Heiligen, bittet für uns.
Heilige Mutter Gottes, gib uns deinen Segen.

O Jesus, durch das reinste Herz Mariens
bringen wir dir die Gebete, Werke und Leiden
dieses Tages dar
für alle Anliegen deines heiligsten Herzens.

Wir bringen sie dir dar im Geiste
deiner Gebete, Werke, Freuden und Leiden
während deines Erdenwandels
zum Preis und Ruhm deiner göttlichen Majestät,
zum Dank für alle Gnaden,
die du dem unbefleckten Herzen Marias,
der Ursache unserer Freude, erwiesen hast.
Gewähre uns durch sie,
dass wir glühende Herzen gewinnen
für den Dienst in unserer Gemeinschaft.

Gebet am Mittag

Wir kommen zu dir, himmlischer Vater,
um unsere demütige Huldigung und
Anbetung zu erneuern.
Wie wir mit dir den Tag begonnen haben,
so wollen wir ihn mit dir fortsetzen.
Du bist der Mittelpunkt unseres Lebens,
in dir suchen wir Frieden und Trost,
nur in dir findet unser Herz Ruhe.
Schenke uns neue Kraft und frischen Mut,
die Arbeit des Tages zu vollenden
und Fehler wiedergutzumachen, die wir begangen haben.
Gib uns alle Hilfe, o Herr, die wir dazu brauchen,
erfülle unsere Herzen mit deiner Gnade,
und sei unsere Stärke, unser Beistand und unser Schutz.
Amen.

Gebet für das junge Paar, das heiraten will

Lieber Gott,
hilf diesem Paar,
ein einziges Herz voll von Liebe zu sein.
Gib ihnen ein Leben, in dem sie eins sein können
in guten wie in schlechten Tagen,
in Krankheit und in Gesundheit.
Gib ihnen Liebe
für die Kinder, die sie haben werden.
Und lass sie in ihrem Heim
immer eine offene Tür
für die Armen haben.

Lehre sie, o Herr,
zusammen zu beten,
damit sie immer zusammenstehen können.
Amen.

Gebet für eine schwangere Frau

Lieber Gott,
gib ihr Freude, Mut und Kraft,
ein neues Wunder in deine Welt zu bringen.

Gib ihr Stolz und Dankbarkeit,
denn sie ist reich wie eine Königin:
eine Mutter für ihr eigenes Kind.

Heilige Maria, teuerste Mutter,
leih dieser Frau dein Herz,
das so voll von Liebe und Demut ist,
und zeige ihr, wie glücklich
eine Familie sein kann,
so wie du glücklich warst
in einem Stall in Bethlehem.

O Herr,
schenke deine Liebe dieser Frau,
damit sie ihrem Kind
deine Liebe geben kann.

Dann wird dieses Baby geboren werden
als ein erwünschtes und geliebtes Kind,
das den Menschen auf dieser Erde
durch sein Leben
deine ewige Liebe bringen kann.
Amen.

Gebet für das ungeborene Kind

O Mutter Maria,
du kennst die Freude
und das Glück
und die Angst der Ungewissheit,
die jede Mutter für ihr ungeborenes Kind empfindet.

Segne die Eltern
und segne dieses Kind,
so klein und schwach
es noch sein mag.

Bereite diesem Kind ein Leben
mit Freude und Frieden und Liebe und Glück.
Und beschütze dieses kleine Leben
mit all deiner Kraft und Fürsorge.

Und, liebste Mutter Maria,
sieh auf dieses kleine schlagende Herz
im Schoß seiner Mutter,
dass niemand es verletze,
nicht vor der Geburt
und nicht bevor dieses menschliche Wesen
seinen dienenden Weg vollendet hat
in dieser Welt, die unser Vater
uns so gnädig geschenkt hat.
Amen.

Gebet für ein krankes Kind

Maria, liebste Mutter,
ich bete zu dir für dieses kranke Kind.

Du bist unsere Mutter,
wir alle sind deine Kinder.
Du kennst uns
und unsere Nöte.

Dieses Kind ist so krank.
Bitte nimm es auf deinen Schoß
und sei ihm Mutter.

Im Namen Jesu
gib ihm Gesundheit,
und segne es
jetzt und für alle Zeit.
Amen.

Gebet um Frieden

O Herr,
es ist Krieg,
und meine eigenen Worte sind so schwach.
Ich kann nur mit den Worten
des heiligen Franziskus von Assisi beten:

Herr, mach mich zu einem Werkzeug deines Friedens,
dass ich liebe, wo man hasst,
verzeihe, wo man beleidigt,
verbinde, wo Streit ist,
die Wahrheit sage, wo der Irrtum herrscht,
den Glauben bringe, wo der Zweifel drückt,
die Hoffnung wecke, wo Verzweiflung quält,
dein Licht anzünde, wo die Finsternis regiert,
Freude schenke, wo der Kummer wohnt.
Herr, lass du mich trachten:
Nicht dass ich getröstet werde,
sondern dass ich tröste,
nicht dass ich verstanden werde,
sondern dass ich verstehe,
nicht dass ich geliebt werde,
sondern dass ich liebe.
Denn der da hingibt, der empfängt,
wer sich selbst vergisst, der findet,
wer verzeiht, dem wird verziehen,
und wer da stirbt, der erwacht zum ewigen Leben.

Und während ich dieses alte Gebet spreche,
weiß ich, dass du auch in unserer Zeit
Krieg in Frieden verwandeln wirst
und Hass in Liebe.
Amen.

Gebet für die Abschaffung der Waffen

O Herr,
du weißt, dass ich Waffen verabscheue.
Ich wünsche nichts so sehr,
als dein Werkzeug zu sein,
um der Welt Frieden zu bringen.

Lieber Gott,
wo es Frieden gibt,
haben Waffen keine Bedeutung.
Wo Frieden herrscht,
können die Menschen einander lieben,
so wie du uns liebst.

Gib uns Frieden, Herr,
damit die Waffen sinnlos werden
auf unserer schönen Erde.
Amen.

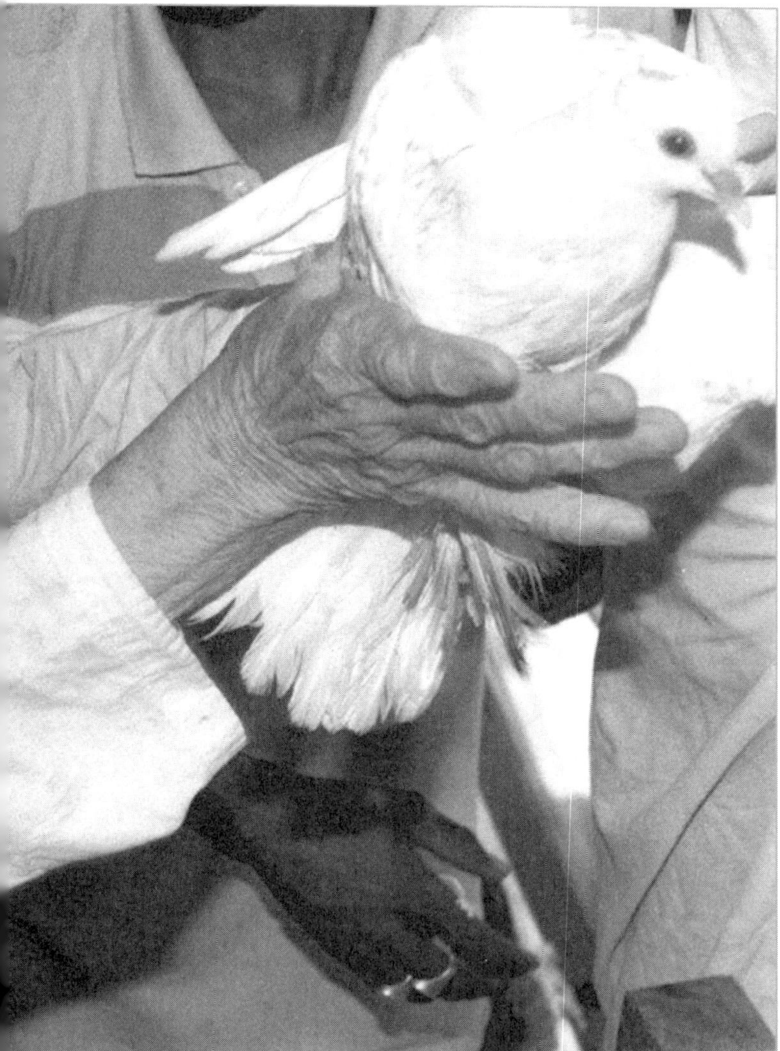

Gebet für die Vereinten Nationen

O Herr,
lass alle Nationen
von deinem Herzen angerührt werden,
damit sie wirken können
für Einigkeit und Liebe
als Mittel zur Ausbreitung
des Friedens in unserer Welt.

Gib den Führern ein reines Herz
voll Liebe füreinander.

Lass sie dein Wort der Liebe hören,
damit sie mit ihrer Arbeit und ihrem Leben
deinen Frieden bewirken.
Amen.

Anrufung der Dreifaltigkeit

Herr, erbarme dich.
Christus, erbarme dich.
Herr, erbarme dich.
Jesus, höre uns.
Jesus, erhöre uns.
Gott Vater im Himmel,
erbarme dich unser.
Gott Sohn, Erlöser der Welt,
erbarme dich unser.
Gott Heiliger Geist,
erbarme dich unser.

Anima Christi

Seele Christi, heilige mich.
Leib Christi, rette mich.
Blut Christi, tränke mich.
Wasser der Seite Christi, wasche mich.
Leiden Christi, stärke mich.
O guter Jesus, erhöre mich.
Birg in deinen Wunden mich.
Von dir lass nimmer scheiden mich.
Vor dem bösen Feind beschütze mich.
In meiner Todesstunde rufe mich,
zu dir zu kommen heiße mich,
mit deinen Heiligen zu loben dich
in deinem Reiche ewiglich.
Amen.

Gelöbnis der Liebe

Wir lieben dich von ganzem Herzen
und ganzer Seele,
denn dir, o Gott, gebührt all unsere Liebe.
Wir wollen dich so lieben,
wie die Heiligen im Himmel dich lieben.
Wir beten alle Ratschlüsse
deiner göttlichen Vorsehung an
und unterwerfen uns ganz deinem Willen.
Wir lieben auch unseren Nächsten um deinetwillen,
wie wir uns selbst lieben.
Wir vergeben aufrichtig allen,
die uns Unrecht zugefügt haben,
und bitten alle um Verzeihung,
die wir gekränkt haben.
Amen.

Gottes Liebe ausstrahlen

Lieber Jesus,
durchflute meine Seele mit deinem Geist und Leben,
durchdringe mein ganzes Sein,
und mache es dir so völlig zu eigen,
dass mein Leben ein Abglanz des deinen ist.
Leuchte durch mich,
so dass alle Menschen, mit denen ich
in Berührung komme,
deine Gegenwart in meiner Seele spüren
und nicht mich sehen, sondern nur dich.
Bleibe in mir, und lass durch mich
dein Licht den Menschen leuchten,
die mir anvertraut sind.
So werde ich dich predigen,
nicht durch Worte, sondern durch mein Beispiel,
durch die Kraft und die Einfühlsamkeit meines Handelns,
durch die Fülle der Liebe,
die mein Herz dir entgegenbringt.
Amen.

Meditationen

Meditationen für jeden Tag

Die Frucht des Schweigens ist Beten.
Die Frucht des Betens ist Glaube.
Die Frucht des Glaubens ist Liebe.
Die Frucht der Liebe ist Dienen.
Die Frucht des Dienens ist Frieden.

Jesus will zu uns kommen
als die Wahrheit, die wir verkünden sollen;
als das Leben, das wir leben sollen;
als das Licht, das wir anzünden sollen;
als die Liebe, die wir lieben sollen;
als die Freude, die wir geben sollen;
als der Frieden, den wir ausbreiten sollen.

Augenblick der Stille

Denke einen Augenblick über die Gegenwart Gottes nach, bete ihn an …
danke ihm für seine Liebe …
bitte um Erleuchtung, damit du dich
so siehst, wie er dich sieht.

Meditation über die Sünde

Wie schrecklich muss doch die Sünde sein!
Gott opfert seinen Sohn zum Tod am Kreuz,
um für die Sünde zu sühnen,
und er erschafft die Hölle,
um die Sünde zu bestrafen.

Sehe ich mein Leben eher als eine Last
oder als eine Gnade?
Fühle ich mich wirklich frei,
andere zu lieben,
weil ich nur eine Liebe habe –
Jesus?
Bin ich mir immer der Nähe meines geliebten
Jesus bewusst?
Freue ich mich, dass Jesus mitten unter
uns ist, wenn wir in der Gemeinschaft
versammelt sind?
Bemühe ich mich gewissenhaft,
Jesus treu zu bleiben?
Bin ich rein an Leib und Seele,
und strahle ich den Geist der Reinheit
auf die aus,
mit denen und für die ich arbeite?

Meditation über das Gebet

Liebe das Gebet.
Wenn du während des Tages
das Verlangen spürst zu beten,
dann nimm dir die Zeit für ein kurzes Gebet.
Beten öffnet das Herz weit,
so dass es fähig wird,
Gottes Gnade, das Geschenk seiner selbst,
in sich aufzunehmen
und zu bewahren.
Dein Gebet wird sich mit allen Gebeten
auf dem ganzen Erdkreis vereinigen.
Es wird dein Herz, das du Gott darbringst,
sanft und demütig machen
für den Dienst an den Armen.

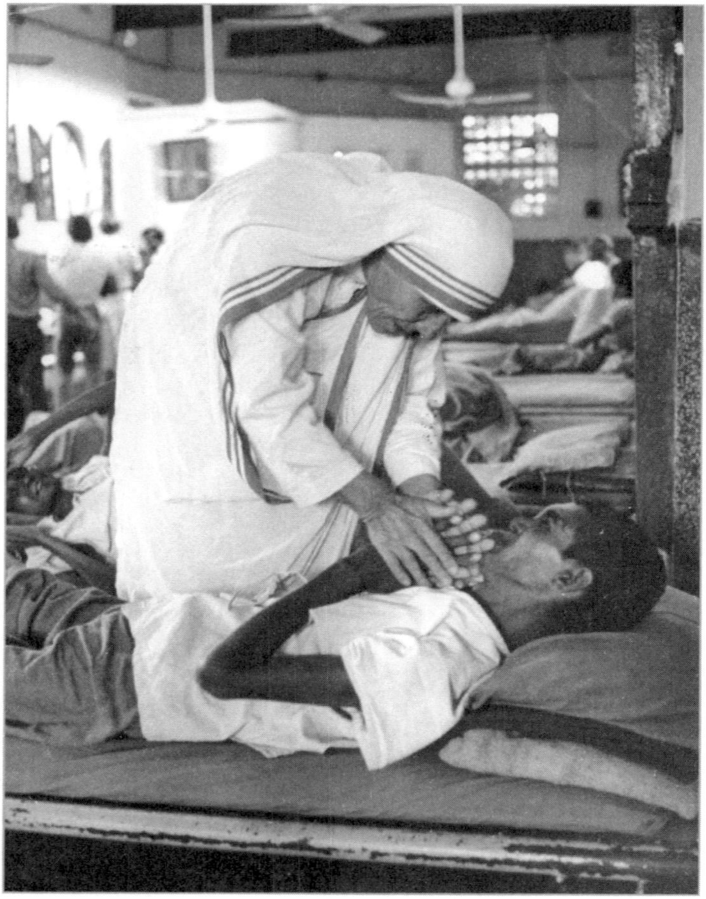

Meditation im Krankenhaus

»Ihr aber, für wen haltet ihr mich?«
Matthäus 16,15

Du bist Gott.
Du bist Gott von Gott.
Du bist gezeugt, nicht geschaffen.
Du bist eines Wesens mit dem Vater.
Du bist der Sohn des lebendigen Gottes.
Du bist die zweite Person der heiligen Dreifaltigkeit.

Du bist eins mit dem Vater.
Du bist im Vater von Anbeginn.
Durch dich und den Vater ist alles geschaffen.
Du bist der geliebte Sohn,
an dem der Vater Gefallen gefunden hat.
Du bist der Sohn Marias,
empfangen durch den Heiligen Geist.
Du wurdest in Bethlehem geboren.
Du wurdest von Maria in Windeln gewickelt
und in die Krippe auf Stroh gelegt.
Du wurdest vom Atem des Esels gewärmt,
der deine Mutter und dich in ihrem Schoß
nach Bethlehem getragen hat.

Die Menschen in Nazareth kennen dich
als den Sohn des Zimmermanns Josef.
Nach dem Urteil der gelehrten Männer Israels
bist du ein einfacher Mensch ohne viel Bildung.

Wer ist Jesus für mich?
Jesus ist das Wort, das Fleisch geworden ist.
Jesus ist das Brot des Lebens.
Jesus ist das Opferlamm, das für unsere
Sünden am Kreuz gestorben ist.

Jesus ist das Opfer, das in der heiligen Messe
für unsere Sünden dargebracht wird.
Jesus ist das Wort, das ich sprechen will.
Jesus ist die Wahrheit, die ich verkünden will.
Jesus ist der Weg, den ich gehen will.
Jesus ist das Licht, das ich anzünden will.
Jesus ist das Leben, das ich leben will.
Jesus ist die Liebe, die ich ausstrahlen will.
Jesus ist die Freude, die ich teilen will.
Jesus ist der Frieden, den ich bringen will.
Jesus ist der Hungrige, dem ich zu essen geben will.
Jesus ist der Durstige, dem ich zu trinken geben will.
Jesus ist der Nackte, dem ich Kleidung geben will.
Jesus ist der Obdachlose, den ich aufnehmen will.
Jesus ist der Kranke, den ich pflegen will.
Jesus ist der Einsame, den ich lieben will.
Jesus ist der Unerwünschte, den ich wünschen will.
Jesus ist der Leprakranke, dessen Wunden
ich waschen will.
Jesus ist der Bettler, dem ich zulächeln will.
Jesus ist der Trinker, dem ich zuhören will.
Jesus ist der Geisteskranke, den ich beschützen will.
Jesus ist das verlassene Kind, das ich in den Arm
nehmen will.
Jesus ist der Blinde, den ich führen will.
Jesus ist der Stumme, für den ich sprechen will.
Jesus ist der Krüppel, den ich stützen will.
Jesus ist der Drogensüchtige, dem ich Freund sein will.

Jesus ist die Prostituierte, die ich der Gefahr
entreißen will.
Jesus ist der Gefangene, den ich besuchen will.
Jesus ist der alte Mensch, um den ich mich kümmern will.

Jesus ist mein Gott.
Jesus ist mein Bräutigam.
Jesus ist mein Leben.
Jesus ist meine einzige Liebe.
Jesus ist mir alles in allem.
Jesus liebe ich mit meinem ganzen Herzen,
mit meinem ganzen Sein.
Ich habe ihm alles gegeben,
sogar meine Sünden.
Er hat sich mir angelobt
in Zärtlichkeit und Liebe.
Jetzt und für mein ganzes Leben
bin ich die Braut meines gekreuzigten Bräutigams.

Meditation über die Freude

Freude ist die Frucht des Heiligen Geistes.
Freude ist das Merkmal des Reiches Gottes.
Christus wollte seine Freude mit seinen Aposteln teilen.

Möge seine Freude in euch sein,
dann wird eure Freude vollkommen sein.

Freude war die Kraft unserer Mutter Maria.
Nur Freude konnte ihr die Kraft geben,
über das Gebirge nach Judäa zu gehen,
um ihrer Base Elisabeth beizustehen.

Freude ist Gebet.
Freude ist der Gesang der Großherzigkeit,
der Selbstlosigkeit und des vertrauten
ständigen Lebens mit Gott.

Freude ist Liebe.
Ein fröhliches Herz ist die Frucht
eines Herzens, das in Liebe brennt.
Denn der gibt am meisten, der mit Freude gibt.
Und einen fröhlichen Geber hat Gott lieb.

Freude und Liebe gehören zusammen.
Durch sie können wir Seelen gewinnen.
Wer von Freude erfüllt ist, predigt,
ohne zu predigen.

Freude ist eine Notwendigkeit für uns,
denn sie stärkt uns auch körperlich;
sie macht uns bereit für unseren Dienst
an den Armen.

Die Freude des Herrn ist unsere Stärke.
Sie gibt uns Schwestern die Zuversicht,
das Leben in Armut mit fröhlichem Vertrauen zu leben,
der Keuschheit Marias nachzufolgen –
dem Weg unserer Freude –,
fröhlichen Gehorsam aus innerer Freude zu leisten,
Christus in den Armen und Leidenden unsere Dienste
mit fröhlicher Hingabe aufzuopfern.

Am besten können wir Gott und den Menschen
unsere Dankbarkeit erweisen,
indem wir alles mit Freude auf uns nehmen.
Eine fröhliche Schwester ist wie der Widerschein
von Gottes Liebe, die Hoffnung ewigen Glücks,
die Flamme brennender Liebe.

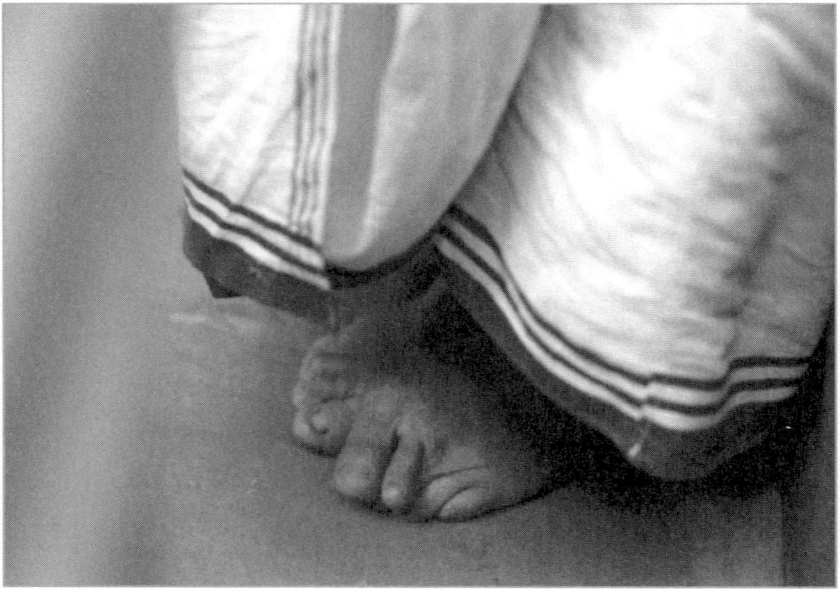

Meditation über die Berufung

Bin ich mir des Lebens in der Gnade bewusst,
das mir durch die Taufe geschenkt worden ist?
Wie oft wende ich mich täglich Jesus zu,
der in mir ist?
Bin ich mir der besonderen Berufung bewusst,
die ich erhalten habe, und lebe ich wie jemand,
der auserwählt ist?
Verzichte ich wirklich auf die Welt,
um allein für Gott zu leben?
Bin ich wirklich für Christus bereit,
wenn er an die Tür meines Herzens klopft?

Meditation über die Armut

Bin ich glücklich, arm zu sein, weil ich weiß, dass nur der wirklich reich ist, der das Himmelreich besitzt?
Lasse ich mich immer vom Geist der Armut leiten, wenn ich um etwas bitte?
Verzichte ich freudig auf materiellen Komfort, und ist er mir wirklich entbehrlich?

Gehe ich sorgsam mit den Dingen um, die mir anvertraut sind, weil sie meinem Vater gehören?
Bin ich gerade deshalb für den Dienst an der Gemeinschaft verfügbar, weil ich arm und für Christus verfügbar bin?

Meditation über die Weihe

Führe ich ein »Gott geweihtes Leben«?
Nimmt Gott den ersten Platz in meinem Leben ein?
Lebe ich wirklich für Gott, oder bin ich selbstsüchtig
und suche meine eigene Sicherheit?

Gibt es eine Beziehung zwischen meiner liturgischen
Weihe an Gott und meiner Arbeit?
Folge ich Christus mit der Freiheit der Kinder
Gottes nach? Oder tue ich nur, was andere tun?
Bin ich glücklich in dem, was ich bin?
Wenn ich jemandem gehorchen muss, den ich nicht mag?
Wenn ich meinen eigenen Weg und meine
Selbstbestimmung aufgegeben habe?
Folge ich treu meiner Berufung?
Denke ich daran, wer es ist, der mich ruft?
Bin ich von der Liebe angetrieben, die der Heilige
Geist in unsere Herzen ausgegossen hat?
Bin ich mir des Wirkens des Heiligen Geistes
in meinem Leben bewusst?
Habe ich mich meines Selbst entäußert,
wie es Christus getan hat?
Lasse ich mich von seinen Eingebungen leiten?

Gebet und Meditation in der Gemeinschaft

Habe ich Verlangen nach dem Gebet?
Nutze ich die Mittel zum besseren Beten:
Sammlung, Schweigen, Versenkung usw.?
Ist die Eucharistie die Quelle
meines Lebens mit Christus?
Ist meine Teilnahme am eucharistischen Opfer
echt und aufrichtig?
Betrachte ich die gemeinsamen geistlichen Übungen
als notwendige Unterbrechungen der täglichen
Routine, um aus der Vertrautheit mit Christus
neue Kraft zu schöpfen?
Als Augenblicke, in denen Jesus in unserer Mitte
zugegen ist und unsere Gemeinschaft in seiner
Liebe zusammenfügt?
Gewinne ich aus der täglichen Meditation
eine tiefere Erkenntnis Jesu Christi?
Versuche ich, durch geeignete religiöse Lektüre
Gottes Liebe zu uns besser zu verstehen und
in Liebe auf seinen Anruf zu antworten?

Meditation über das Leben aus dem Gebet

Bin ich so vollkommen mit Jesus vereint,
dass ich mit dem heiligen Paulus sagen kann:
»Nicht mehr ich lebe, sondern Christus lebt in mir«?
Sehe ich in Christus meinen besten Freund,
den Gast meiner Seele?
Ist die Hauptantriebskraft meiner Arbeit wirklich
die Liebe zu Gott und zu meinem Nächsten?
Ist es nicht zu oft verborgener Egoismus?

Wie wichtig ist mir das häufige Stoßgebet?
Vergesse ich nicht manchmal, dass das innere Leben
ein Geschenk Gottes ist, um das ich demütig
bitten sollte?
Tue ich meine Arbeit mit Jesus, für Jesus und an Jesus?

Lasst uns unsere Treulosigkeit gegen Gott bereuen,
und bitten wir Jesus demütig, uns durch die Fürsprache
der seligen Jungfrau Maria zu helfen,
in Zukunft treu zu sein.

Meditation über den Dienst an den Armen und Kranken

Verrichte ich meine Arbeit so, dass sie ein
heiliger Dienst der Liebe ist?
Mache ich meine Arbeit zum Gebet?

Bin ich aufgeschlossen für die Menschen,
denen ich diene?
Lasse ich mich nicht von persönlichen Zuneigungen
und Abneigungen beeinflussen?
Bin ich mir immer bewusst, dass es Christus ist,
der mir in der Elendsgestalt des Armen begegnet,
dem ich diene?
Habe ich den Menschen, für die ich arbeite,
Hoffnung gegeben?
Haben Sie gespürt, dass meine Arbeit das Apostolat
der Gemeinschaft ist?
Fürchte ich manchmal, bei meiner Arbeit
Schwierigkeiten und Hindernissen zu begegnen,
denen ich nicht gewachsen bin?
Weiß ich nicht, dass ich alles vermag durch ihn,
der mir Kraft gibt?
Habe ich die Bewunderung und Anerkennung anderer
gesucht, oder will ich immer nur Gott gefallen?

Nachwort

»Lasst mich so sterben wie die, denen ich gedient habe«

Kalkutta, eine Stadt wie ein Albtraum. Ein stinkendes Grab, eine aus allen Nähten platzende Hölle, wo Massen todgeweihter, ausgemergelter Menschen um ein paar Quadratmeter Lebensraum kämpfen. Die Behörden haben in der Neun-Millionen-Metropole 3.000 Slums registriert.

Über den endlosen Elendsvierteln liegt dumpfer Fäulnisgeruch. Auf feuchten Lehmwegen lagern menschliche Wracks, ausgezehrt, krank, hungrig. Fliegen wimmeln in offenen Wunden.

Aus einem überquellenden Mülleimer dringt schwaches Wimmern. Eine junge Frau im weißen Sari horcht kurz auf, dann eilt sie zu dem Abfallhaufen und holt einen nackten Säugling aus dem Müll, ein Häufchen Haut und Knochen, das sie behutsam in ihrem Arm birgt.

Ein paar Meter weiter finden die weißgewandeten Helferinnen ein gespenstisches Gerippe, pergamentene Haut über einem spitz hervorstehenden Skelett, einen Menschenrest, in dem noch Leben zu sein scheint. Die Maden beginnen ihn bereits seiner Haut zu entblößen. Die Mädchen im Sari tragen den Greis in eine schattige Halle, füttern ihn, waschen den armseligen, verkoteten Körper. Eine alte Frau zieht ihm die Würmer aus den Wunden.

»Wie kannst du meinen Gestank ertragen?«, flüstert der todkranke Mann mit schwacher Stimme, in fassungslosem Staunen.

»Das ist doch gar nichts gegen die Schmerzen, die du haben musst«, antwortet seine Pflegerin lächelnd.

Die unscheinbare Frau am Sterbebett, die dem elenden Bündel Mensch wenigstens in der letzten Stunde seine

Würde zurückgegeben hat, war Mutter Teresa, die Gründerin der »Missionaries of Charity«, der Missionsschwestern der Liebe. »In Indien werde zwar viel von gigantischen Entwicklungsprogrammen geredet«, meinte sie einmal, »aber es geschieht wenig. Wir brauchen Leute, die die Ärmel aufkrempeln und sich nicht zu schade sind, sich in der Gosse die Finger schmutzig zu machen.«

Bürgertöchter in den Slums

In einem gutbürgerlichen Elternhaus kam Agnes Gonxha Bojaxhiu 1910 im damals türkischen, später jugoslawischen Skopje zur Welt. Der Vater führte ein Architekturbüro und wurde Mitinhaber einer gutgehenden Baufirma. In Skopje begegneten sich zu dieser Zeit Kreuz und Halbmond, muslimische Minarette standen neben der Kirche vom Heiligen Erlöser.

Ihre Jugendfotos zeigen ein ausgesprochen hübsches Mädchen mit ein wenig träumerischen Augen. Agnes besuchte die Höhere Schule – in ihrer Umwelt für Mädchen ungewöhnlich –, zeigte Begabung für Musik. Doch mit 18 Jahren entschloss sie sich zu einem Leben in der Bengalenmission; den Armen und Ausgestoßenen war in ihrer Familie immer geholfen worden. Sie trat bei den Englischen Fräulein ein, ließ sich zur Lehrerin ausbilden. Im Dubliner Mutterhaus wirkte sie scheu und in sich gekehrt. Das änderte sich bald darauf in der St. Mary's High School in Kalkutta, wo Schwester Teresa – so hieß sie jetzt – jahrelang Erdkunde unterrichtete und bis zur Schuldirektorin und Oberin aufstieg. Die 500 Schülerinnen kamen aus der schmalen bürgerlichen Oberschicht Kalkuttas; Kloster und Internat bildeten einen für bengalische Verhältnisse sehr angenehmen Aufenthalt. Aber gleich hinter den Mauern der High School erstreckt sich ein riesiger Slum, und der Pestgeruch des Elends dringt in den Schulbezirk. Schwester Teresa nimmt ein paar Schülerinnen mit und geht in die wenigen Krankenhäuser. Bewaffnet mit Jod und Verbandszeug, durchstreift sie den Slum, entdeckt die Armen, hilft, wo sie nur kann – und hat ein schlechtes Gewissen, wenn sie in ihr schön möbliertes Kloster zurückkehrt. Gott will mehr von ihr, das spürt sie immer deutlicher. Beten, Mitleid, ein paar Besuche – das genügt nicht mehr.

Am 10. September 1946, Teresa ist 36 Jahre alt, fasst sie während einer nächtlichen Eisenbahnfahrt den Entschluss, noch einmal »auszusteigen«, der Entscheidung für die harte Existenz im Orden eine noch härtere hinzuzufügen: »Ich musste das Kloster verlassen und den Armen helfen, indem ich unter ihnen lebte. Ich hörte den Ruf, alles aufzugeben und Christus in die Slums zu folgen, um ihm unter den Ärmsten der Armen zu dienen. Ich wusste, es war sein Wille, und ich musste ihm folgen.«

Teresa vertauschte ihre Ordenstracht mit dem Sari der Armen Indiens, weiß mit blauer Borte, zwei Mark wert. Mutterseelenallein stand sie vor der Klostermauer, ohne Geld, ohne Wohnung, ohne Ausbildung als Krankenschwester oder Sozialarbeiterin, ohne detaillierte Pläne – aber mit dem sicheren Gefühl: »Gott geht mit mir. Das ist sein Werk.«

In Patna macht sich Teresa bei den »American Medical Missionary Sisters« in Elementarkursen mit Hygiene und Krankenpflege vertraut. Dann mietet sie in Kalkutta, mitten im Slum, eine Hütte, sucht sich ein paar Kinder zusammen und bringt ihnen das Alphabet bei. Mit einem Stecken kratzt sie die Buchstaben in den Lehmboden. Stühle, Bänke, eine Tafel gibt es nicht. Sie zeigt den Kleinen, wie man sich wäscht, schenkt ihnen ein Stück Seife zur Belohnung, wenn sie aufmerksam sind. Sie geht betteln, um halbverhungerten Familien Essen bringen zu können. Sie pflegt Kranke, besucht die Spitäler.

Wo nahm die alte Frau ihre Kraft her?

Vielleicht hätte Teresa trotz der ihr eigenen Verbissenheit nicht durchgehalten – wären da nicht die jungen Mädchen gewesen, die dachten wie sie, die sich ihr anschlossen und genauso zäh gegen die Not kämpften, die ihnen von jeder Straßenecke entgegenschrie. Die meisten waren ehemalige Schülerinnen Teresas aus der High School.
Sie zogen den weißen Sari an, und 1950 wurde der neue Orden unter dem Namen »Carriers of Christ's Love in the Slums« gegründet: »Leute, die Christi Liebe in die Slums tragen«. Bekannter geworden sind sie als »Missionaries of Charity«, Missionarinnen der Liebe.
Teresas erste Gefährtinnen stammten aus dem indischen Bürgertum, inzwischen sind auch Europäerinnen, Amerikanerinnen, Afrikanerinnen dabei. Sie lernen grundsätzlich einen Beruf, manche studieren Medizin, einige Jura – alles, um den Armen besser helfen zu können. Allen voran den Kleinsten, den Wehrlosen – den Kindern.
Mutter Teresa war vernarrt in Kinder. Sie nahm ein Neugeborenes in den Arm, unendlich behutsam, und präsentierte es mit leuchtendem Gesicht, stolz, als sei sie seine Mutter: »Seht, es ist Leben in ihm!« Für Klagen über die Bevölkerungsexplosion in Indien fehlte ihr jedes Verständnis; Kinder seien doch »Gottes Leben«, er habe die Welt reich genug erschaffen, um alle zu ernähren. Die »Missionaries of Charity« suchen auf den Straßen nach weggeworfenen Neugeborenen, die niemand will. Tausende haben sie schon gesund gepflegt.
Gleichwohl redete Mutter Teresa viel über natürliche Methoden der Empfängnisverhütung. Ihre – von der Bischofskonferenz unterstützten – Kampagnen, solche Methoden populär zu machen, waren so erfolgreich, dass das Bevölkerungswachstum in Kalkutta in einem einzigen Jahr um mehr als 30.000 Geburten gesenkt werden konnte.

Man fragt sich, wo die unwahrscheinliche Energie dieser kleinwüchsigen, mageren, immer ein wenig gebeugt gehenden Frau herkam. Sie sprach leise, ohne Pathos, einfach wie eine alte Bäuerin über das Beten, die Armen und den guten Gott, aber auch in Universitäten und Weltorganisationen war ihr gebannte Aufmerksamkeit sicher. Sie ist alles andere als eine strahlende Erscheinung gewesen, und doch wurden die Mächtigen dieser Welt – man konnte es im Fernsehen beobachten – still und verlegen, wenn sie ihr in das zerknitterte, gegerbte Gesicht mit den vielen Runzeln sahen, ein frappant gutes Gesicht mit durchdringenden Augen und ernsten Lippen. Ihre Gesprächspartner verblüffte sie durch Schlagfertigkeit. Einem amerikanischen Journalisten, der sie erschrocken beim Versorgen einer brandigen, stinkenden Wunde beobachtete und gestand: »Nicht für eine Million Dollar würde ich das tun!«, erwiderte sie lachend: »Ich auch nicht!« – Sie tat es für Gott.
Zu ihm hatte Mutter Teresa eine Beziehung wie ein Kind zu seinem Vater. Sie fand ihn nicht in philosophischen Weltmodellen oder mystischen Erlebnissen, sondern hautnah in jedem Menschen, der ihr über den Weg lief. Das war eigentlich ihr ganzes Geheimnis. Ihre leidenschaftliche Liebe zu den Armen, Kraftlosen, Kaputtgemachten war die Antwort auf eine Liebe, die sie selbst gespürt und von der sie gelebt hat. »Love as I loved you, liebe, wie ich dich geliebt habe«, steht am Fuß der Kreuze in den Kapellen ihrer Obdachlosenhäuser.
»Wir sind Missionare«, erklärte sie, »um Gottes Liebe in die Welt von heute zu bringen ... Das geschieht, weil Jesus es gesagt hat. Und er kann uns nicht betrügen. Er hat sehr klar gesagt: ›Ihr habt es mir getan; und ich war hungrig, und ihr habt mich gespeist.‹« Sozialarbeiterinnen, Krankenschwestern, Lehrerinnen seien die »Missionaries« nicht, sondern eine religiöse Gemeinschaft, betonte

sie immer wieder. »Wenn wir den Armen dienen, dann dienen wir Jesus. Ich diene Jesus, 24 Stunden am Tag. Was immer ich tue, es wird für ihn getan, und er gibt mir die Kraft dazu. Ihn liebe ich, wie ich die Armen liebe, und durch ihn liebe ich die Armen.«

Menschliche Würde unter der Kruste des Elends

Ein bisschen Mildtätigkeit nützt denen wenig, die beim gesellschaftlichen Verteilungskampf um Job, Geld und Lebensraum auf der Strecke geblieben sind. Die schlimmste Krankheit, sagte Mutter Teresa, sei nicht der Hunger und nicht die Tbc, sondern das Gefühl, unerwünscht zu sein. Deshalb versuchte sie die Menschen in Dreck und Elend nicht zu bemitleiden, sondern zu achten. Sie entdeckte ihre Würde unter der Kruste der Armseligkeit, und sie zeigte ihnen, woran sie mit allen Fasern ihres leidenschaftlichen Herzens glaubte: Gott hat jeden einzelnen Menschen unendlich lieb.
Auf bloße Predigten hin wird das allerdings kein Armer glauben. Und deshalb ließ Mutter Teresa auch nie einen Zweifel daran, dass die Liebe ein hartes Geschäft ist. »Wir müssen geben, bis es wehtut. Wahre Liebe muss wehtun!« Denn auch Gott hat es wehgetan, die Menschen zu lieben: Er gab seinen Sohn in den Tod.
Einmal kam eine Gruppe von Geschäftsleuten zu ihr, um das Ergebnis einer Sammlung zu überreichen, die man bei einem Bankett veranstaltet hatte. Mutter Teresa sah sie ein wenig skeptisch an, dann sagte sie zögernd: »Ich hoffe, Sie geben nicht nur aus dem Überfluss heraus. Sie müssen etwas geben, das Sie etwas kostet. Es sollte ein Opfer für Sie sein, Sie sollten deswegen auf etwas Liebgewordenes verzichten müssen. Dann hat Ihre Gabe auch vor Gott einen Wert. Dann werden Sie wirklich zum Bruder jener Armen, denen es am Allerdringlichsten fehlt.«

Außerhalb Indiens begann man eigentlich erst dann von Teresa und ihren Schwestern zu sprechen, als ihr Engagement für die Sterbenden bekannt wurde. Unterernährte Kinder aufzupäppeln, armen Leuten Reis und Brot zu bringen, das schien vielen nichts Besonderes zu sein, aber in einem hoffnungslos übervölkerten Land Heime für Menschen zu bauen, die ohnehin dem Tod geweiht waren und nur noch Stunden oder Tage zu leben hatten ...? Nirgends sonst prallte Teresas unbedingte Wertschätzung für jedes noch so armselige Menschenleben so schmerzhaft mit bürgerlichen Wertmaßstäben zusammen wie hier.
In den ersten 25 Jahren holten die »Missionaries« allein in Kalkutta 36.000 Menschen von der Straße in ihre Häuser. Mehr als 16.000 starben – liebevoll gepflegt und umsorgt von den Schwestern. Ein paar Stunden oder Tage menschliche Zuwendung, Wärme, ein Lächeln nach einem oft genug trost- und freudlosen Leben – für Teresa war das keine sinnlose Mühe: »Sie haben wie die Tiere gelebt. Da sollen sie wenigstens wie Menschen sterben!«
Nein, sie hat sich nie eingebildet, die Slums von Kalkutta einfach ausrotten zu können. Ist das, was die »Missionaries« tun, dann nicht ein Tropfen im Ozean des unermesslichen Elends?
Durchaus – »aber wenn wir diesen Tropfen nicht in den Ozean des Leidens fallen ließen«, sagt sie in ihrer entwaffnenden Logik, »würde dem Ozean eben dieser Tropfen fehlen«. Und wenn jeder nur einen Tropfen in den Ozean fallen ließe – wäre die Armut in der Welt dann nicht heute noch besiegbar?
Angst vor dem Tod hat sie nicht gekannt. Ob sie sich auf das unbekannte Dasein danach freue, fragte sie jemand neugierig. »Selbstverständlich«, antwortete Teresa mit leuchtenden Augen, »denn dann gehe ich nach Hause.« Ewiges Leben, das bedeute doch: »Unsere Seele geht zu Gott, um in der Gegenwart Gottes zu sein, um Gott zu

sehen, um mit Gott zu sprechen, um ihn weiter zu lieben, mit größerer Liebe!«
Wie geht es nach ihrem Tod mit der Gemeinschaft weiter? »Wenn der Orden ein Werk Gottes ist, dann wird er auch weiterbestehen«, da war sie sich ganz sicher. Ob ihr persönlicher Akzent erhalten bleibt, scheint dabei nicht wichtig. Und ihre Schwestern und Brüder hat sie mit Bedacht zu selbstständiger, eigenverantwortlicher Arbeit ausgebildet. »Gott wird einen anderen Menschen finden«, sagte Teresa bereits 1989, mit 79 Jahren, als sie ihre ersten schweren Herzattacken durchmachte, der Zeitung »Liberté«, »viel demütiger, viel aufopfernder, viel folgsamer, und die Gemeinschaft wird weiterleben«. Ersetzbar ist so jemand wie Teresa nicht. Aber er geht auch nie wirklich weg, wenn er eine Gemeinschaft so unauslöschlich geprägt hat wie sie ihre »Missionaries«.
»Wir hatten einen Jungen, dessen Eltern nicht mehr lebten und dessen Großmutter sehr alt war«, erzählt Schwester Agnes, Teresas allererste begeisterte Weggefährtin. Die Großmutter brachte ihn, besorgt um seine Zukunft, zu den Schwestern. Er machte einen guten Schulabschluss, studierte und wurde später Priester.
Als er noch klein war, fragte ihn Teresa bei verschiedenen Gelegenheiten, was er denn werden wolle. Darauf sah er sie jedes Mal in einer Mischung aus Respekt und Verliebtheit an und sagte voller Überzeugung: »Ich will Mutter Teresa werden!« – Heilige sterben nie.

Christian Feldmann

Bildnachweis

Seiten 12, 14, 23, 26, 32, 50, 62, 76/77, 86, 102:
© picture-alliance.

Seiten 19, 36, 46, 90, 96:
© KNA.

Seiten 40, 56/57, 68, 72:
© Süddeutsche Zeitung Photo.